AF230673

ABOLITION

DE

L'ESCLAVAGE.

CONSEIL COLONIAL

DE LA GUADELOUPE.

ABOLITION

DE

L'ESCLAVAGE.

Paris,

IMPRIMERIE DE GUIRAUDET ET JOUAUST,

RUE SAINT-HONORÉ, 315.

1848

DISCOURS

DE M. LE LIEUTENANT-GÉNÉRAL BARON AMBERT,

PRÉSIDENT DU CONSEIL COLONIAL,

A l'ouverture de la session de 1847.

MESSIEURS ET CHERS COLLÈGUES,

Votre persévérante bienveillance semble avoir fait du fauteuil de la présidence un siége inamovible. Je me glorifie de la constance de vos suffrages, et mon immuable dévoûment y puise des forces nouvelles.

Dans celte lutte inégale où nous sommes engagés, notre énergie, pour ne pas succomber aux atteintes de la lassitude et du dégoût, a besoin de se retremper souvent aux sources vives de l'amour du pays. Les violences d'une agression récente prennent que nous n'avons plus même à compter sur la générosité de la force, cette dernière ressource de la faiblesse. Le nom de Français n'est pour nous qu'un vain titre, impuissant à nous protéger contre les haines et les colères que nous suscitent nos ennemis.

Mais, Messieurs, si nous devons courber la tête avec résignation devant les manifestations de la volonté nationale, le sentiment de notre dignité nous oblige à la relever avec fierté devant l'outrage et la calomnie. Nos vies et nos fortunes appartiennent à la patrie, notre honneur est sous la sauvegarde de Dieu et de notre conscience.

Vieux soldat de la liberté, j'ai versé mon sang pour elle sur les champs de bataille de l'ancien et du nouveau monde. Serait-il vrai qu'en acceptant, à la fin de mes jours, l'exil et les rudes labeurs du colon, j'eusse renié mes principes, déserté mon drapeau et souillé une carrière qui compte de glorieux souvenirs? Non, Messieurs, le titre de colon, dont je m'honore, n'a pas flétri le vieux serviteur de la patrie, et ma voix ne saurait être suspecte quand, au nom de mes concitoyens indignés, je repousse l'opprobre dont on voudrait les couvrir.

Nous voulons tous la liberté, mais nous la voulons pour tous, pour l'homme blanc comme pour l'homme noir ; nous ne voulons pas que, dans votre injuste partialité, vous puissiez transformer la tribune nationale en un siége d'accusation du haut duquel vous nous livrez sans défense à la honte et au mépris public ? Nous voulons tous la liberté, mais nous voulons en même temps l'ordre, la sécurité, le travail, et surtout le bien-être des populations qui nous sont confiées. Nous ne voulons pas que, dans votre aveugle précipitation, vous fassiez de notre malheureux pays une Saint-Domingue sanglante ou une Irlande affamée !

Jetez un regard sur ces contrées paisibles que vous calomniez sans les connaître, et accusez-nous encore de barbarie, si vous l'osez. Tandis que la vieille civilisation de l'Europe plie sous le fardeau de la misère et de la faim, nous vous offrons le spectacle d'une population heureuse et tranquille, traversant sans souffrances et sans secousses les crises d'une situation difficile, dont notre protection tutélaire lui épargne les contre-coups !

Pour répondre à ces dénonciations de quelques crimes isolés dont vous voudriez faire peser sur tous les colons la honteuse responsabilité, ne nous forcez pas à fouiller dans les sombres annales de vos greffes !,.... Mais, plus équitables que vous, nous ne demandons pas compte à tout un peuple de ces horribles forfaits, triste et éternel apanage de l'humanité ! Nous laissons à vos tribunaux la représentation de ces lugubres drames. Nous abandonnons à la justice l'œuvre de la répression et de la vengeance ; et, quand elle a prononcé, nous nous taisons et respectons ses arrêts. Plus équitables que vous, nous croyons à l'honneur et à l'impartialité des magistrats ; nous croyons à la conscience des jurés. Nous pensons qu'il faut des preuves pour punir ; de tout accusé nous ne faisons pas un coupable ; de tout innocent acquitté nous ne faisons pas un criminel obtenant grâce de la faiblesse du jury !

Messieurs, vous avez assisté à ce déplorable spectacle ! Vous avez vu une assemblée française souffrir que l'on traduisît à sa barre des citoyens sans défense, et étouffer sous le bruit de ses murmures les quelques voix généreuses qui s'élevaient pour repousser, en notre nom, d'odieuses calomnies! Vous avez frémi d'horreur à la lecture de ces accusations, puisées dans d'infâmes libelles, dénuées de preuves, et écoutées cependant avec une cruelle bienveillance. Colons, administrateurs, prêtres, magistrats, fonctionnaires, tous ont été compris dans la même haine et frappés des mêmes coups! Il n'y a de purs, sur le sol colonial, que les hommes qui mettent leur zèle ambitieux au service des passions et de la colère d'un parti ; il n'y a de purs que ceux qui font métier de dénonciation et de calomnie.

Par quelle fatalité, quand il s'agit des colonies, les règles de l'équité la plus vulgaire sont-elles méconnues et foulées aux pieds? Vous qui présidez aux destinées de la patrie, prenez garde de prêter une oreille complaisante à ces étranges doctrines ; n'oubliez pas que tous les principes s'enchaînent et se soutiennent dans l'ordre social; n'apprenez pas à vos adversaires qu'ils peuvent impunément porter la main sur l'arche sainte de la propriété ; craignez que ces armes que vous laissez imprudemment entre leurs mains, ils ne les retournent un jour contre vous-mêmes!

Messieurs, la loyauté de vos actes proteste contre des inculpations qui ne sauraient vous atteindre. Les colons de la Guadeloupe et leurs représentants ont fait leurs preuves. Tous, nous avons pris depuis long-temps l'initiative des améliorations qui dépendaient de nous, et nous avons donné un concours loyal et éclairé aux mesures de civilisation et de progrès compatibles avec les idées d'ordre et de travail dont nous serons les éternels défenseurs. Nous ne nous sommes pas posés en ennemis systématiques des idées nouvelles : nous comprenons les nécessités de notre époque. Enfin nous pouvons ouvrir nos fastes judiciaires : ils sont purs de ces crimes dont nous repoussons avec dégoût la hideuse solidarité, s'ils se sont produits quelque part.

Mais, Messieurs, de ces désaffections, de ces défiances, de ces colères, de ces agressions injustes, découlent de graves enseignements qui ne seront pas perdus pour nous. Ne nous dissimulons pas les périls de notre situation. Jamais les colonies n'ont été plus menacées, jamais leur sort n'a été plus compromis; le mouvement irrésistible des idées nous déborde et nous entraîne. Notre vieille organisation sociale, condamnée par l'opinion, en désaccord avec les institutions et les progrès du siècle, chancèle sur ses bases et menace de nous ensevelir sous ses ruines. Assisterons-nous à ce grand désastre en spectateurs impuissants, ou bien chercherons-nous, par quelque résolution héroïque, à en atténuer les malheurs? Je m'adresse à une assemblée chez laquelle les instincts généreux n'ont jamais fait défaut, et qui jamais n'a prétendu défendre l'esclavage pour lui-même, ni en perpétuer la tradition; je m'adresse à elle avec une conviction profonde et réfléchie.

Messieurs, ne nous laissons pas entraîner par le torrent, quand nous pouvons encore le diriger. Ne laissons pas tout détruire, quand il nous reste une chance de tout sauver. Ne nous laissons pas imposer par la violence ce que nous pouvons faire librement et volontairement. N'acceptons pas le triste rôle de vaincus! Rendons inutile, entre nous et nos esclaves, une intervention qui aurait pour effet de s'emparer du bénéfice de leur gratitude, en rejetant sur nous l'odieux de la résistance. Plaçons-nous hardiment et d'un seul pas à la tête de la civilisation coloniale, et marchons dans cette voie nouvelle avec le calme et la force que donnent toujours les situations nettes et bien tranchées.

Le gouvernement, Messieurs, ne peut vouloir la perte de ses colonies; il saura nous préserver des dangers d'une précipitation funeste et nous garantir contre toute usurpation du droit inviolable de la propriété. Mettons-nous avec confiance sous son égide. Travaillons, de concert avec lui, à préparer les bases de notre transformation future, et à en assurer le succès par une puissante organisation du travail, ce pivot des sociétés. Partisans d'une émancipation intelligente et féconde, mettons, sans arrière-pensée, notre expérience et nos lumières au service de cette grande cause; mais que la prudence et la sagesse soient nos seules conseillères! Organisons avant de détruire. En appelant toute une population aux bienfaits de la liberté, qu'aucun effort ne nous coûte pour lui épargner, dans l'avenir, les luttes et les misères du prolétariat, ce fléau des sociétés modernes.

Messieurs, la marche que je vous indique est désormais la seule qui soit digne de nous et du pays que nous représentons, la seule qui puisse conjurer les malheurs qui nous menacent. Ne nous en laissons pas écarter par un sentiment de découragement stérile ou par de vaines frayeurs; soyons à la hauteur de notre mandat; prenons en main avec courage l'arme puissante de l'initiative; levons l'étendard de la régénération, et inscrivons sur notre drapeau : *Liberté, ordre, travail, bien-être !* Que la mère-patrie apprenne enfin que ces colons tant calomniés sont des enfants dignes d'elle !

RAPPORT DE LA COMMISSION

SUR UNE

PROPOSITION AYANT POUR OBJET UNE ADRESSE AU ROI

(M. Payen, rapporteur. — Séance du 8 juillet 1847.)

Messieurs,

Nous ne sommes plus au temps où nous pouvions, d'après nos propres inspirations, juger des affaires coloniales. L'esclavage, qui avait fondé la prospérité des colonies, qui sous un régime doux et humain la conservait encore, il n'y a que quelques années, et dont nous avions conçu la pensée de prolonger l'existence, parce qu'il suffisait au bien-être de la population qui y était assujettie, est devenu l'objet des attaques les plus vives de quelques humanitaires. Peu soucieux de la véritable situation des colonies, dont ils n'avaient jamais vu le tableau fidèle, à peine réunis par la même pensée, ces novateurs sacrifiaient tout à la théorie dont ils s'étaient faits les apôtres, et le nombre cependant en augmentait tous les jours.

L'Angleterre, la première, céda à l'impulsion qu'ils donnaient à l'abolition de l'esclavage ; mais la France devait bientôt la suivre dans cette voie nouvelle. Seulement, les tristes résultat produits par l'émancipation des esclaves dans les colonies anglaises l'avaient mise en garde contre le mode que l'Angleterre avait adopté, sans toutefois ralentir ni le zèle des abolitionistes français, ni le progrès de leurs idées.

La France, il faut le dire, ne s'est pas témérairement engagée dans la voie où quelques esprits trop avancés voulaient la précipiter. Une commission formée d'hommes éclairés, sous la présidence de l'une de nos illustrations, avait étudié la question d'émancipation ; elle s'était entourée de tous les documents qu'elle avait pu réunir, et, tout en proclamant le principe de l'abolition de l'esclavage, elle consacrait notre droit à une indemnité pour la perte que nous devions en éprouver.

Depuis lors la France a fait l'essai d'une loi nouvelle ; cette loi, créée en vue de l'abolition dans laquelle on voulait nous faire entrer, se ressent de l'inconvénient qui s'attache à toutes les mesures mixtes, ordinairement impuissantes à faire le bien. A côté de l'esclavage, qu'elle laisse debout, elle renverse les principes qui en faisaient la base et l'appui ; elle ébranle notre état social, compromet notre avenir et porte atteinte à nos propriétés.

Cependant, quelque difficile et dangereux que soit pour les maîtres les mesures sous lequel elle les place, résignés et confiants dans le régime que le gouvernement aurait senti la nécessité de prendre pour conserver l'ordre et le travail, nous nous serions soumis à l'exécution de cette loi ; mais elle ne répond plus aujourd'hui à l'impatience des abolitionistes, qui, sans doute dans la crainte de ne pouvoir s'appuyer sur les colons pour l'exécution d'une mesure radicale et complète, songent à des mesures partielles qui ne nous laisseraient entrevoir que ruine de tous côtés.

Dans une circonstance aussi grave, il n'est plus permis aux représentants des colonies de rester impassibles et muets ; éveillés par la crainte d'un danger imminent, ils doivent porter jusqu'au pied du trône l'expression de leurs vœux.....

L'esclavage dans les colonies forme un tout homogène, dans lequel il n'est pas possible d'infiltrer la liberté sans en affaiblir les ressorts. Nous concevions l'affranchissement partiel, nous le favorisions ; le temps qui a suivi la faculté que nous avons de lui donner un libre cours, dégagé des entraves que le gouvernement y avait lui-même apportées, a prouvé que nous savions récompenser du prix de la liberté ceux qui s'en étaient montrés dignes, et les statistiques de cette époque donnent la mesure de notre prodigalité à cet égard ; mais l'affranchissement faisait tout aussitôt entrer celui qui en avait reçu le bienfait dans une classe à part, complétement séparée de l'esclavage. Nous savons par expérience tout le mal qu'il y avait à mettre en contact ces deux éléments de la société coloniale.

Des mesures partielles qui, par exemple, placeraient a côte

de la mère esclave, et dans un corps d'atelier, ses enfants affranchis de toute servitude, combleraient la distance qu'il nous était commandé de maintenir, seraient, nous n'hésitons pas à le dire, de l'effet le plus désastreux, et si, comme nous aimons à le penser, la France ne veut pas faire le sacrifice de ses colonies, si elle est obligée de reconnaître qu'elles ne peuvent vivre que par le travail, elle doit s'abstenir de toute mesure qui aurait pour effet de rapprocher ce qui ne peut être réuni sans amener le désordre et, comme conséquence, l'absence de tout travail.

Mais les craintes n'arrêteraient pas les abolitionistes sur la pente où ils sont engagés, et, ne serait-ce que pour prévenir des mesures aussi redoutables, nous ne devons plus hésiter, nous devons céder au torrent qui nous entraîne. Nous sentons le besoin de diriger le mouvement qui nous est imprimé, nous voulons, en le dirigeant, nous éloigner de l'abîme que des mesures précipitées et trop peu réfléchies, dont notre expérience seule peut signaler le danger, ouvriraient sous nos pas. Nous voulons mettre notre concours à la disposition de la France : elle s'empressera, nous n'en doutons pas, de l'accepter, si notre sincérité lui apparaît dans tout son éclat.

C'est, Messieurs, parce qu'à cet égard je comptais sur vous comme je compte sur moi-même, que j'ai eu l'honneur de vous proposer d'offrir au roi, au nom du pays, d'entrer immédiatement dans la voie de l'émancipation.

L'abolition de l'esclavage est aujourd'hui un principe proclamé ; son application seule est subordonnée à une question de temps. Il ne nous appartient pas d'en précipiter la solution ; mais en France l'opinion publique s'est hautement prononcée, le gouvernement lui-même est débordé. Saisis ons, pendant qu'il en est temps encore, la direction qu'il convient de donner à la transformation de notre pays emparons-nous de l'initiative des mesures à prendre ; sachons faire apprécier l'utilité de notre concours, et, je le répète, il sera accueilli, parce qu'il est utile, indispensable, non pas seulement aux intérêts des propriétaires, mais à celui des esclaves, dont l'avenir et le bien-être se trouvent entre nos mains.

Offrons notre concours et faisons plus encore, mettons-nous à l'œuvre ; donnons pour gage de notre sincérité ces documents si précieux qui peuvent sortir de nos mains et aider si puissamment au succès de l'émancipation ; n'attendons même pas qu'on nous le demande : c'est avec une égale sollicitude que nous voulons faire la part de tous.

Pour prix de notre coopération nous ne voulons que la continuation de l'ordre et du travail ; nous ne demandons à la France que de repousser toute mesure précipitée et sur laquelle les conseils coloniaux n'auraient pas été appelés à donner leurs avis.

Qu'elle ne s'effraie pas du temps qui devra s'écouler ; nous chercherons à en abréger la durée, et il faut bien d'ailleurs qu'elle se soumette à des nécessités qui ne sont pas moins impérieuses pour elle, à raison du bien qu'elle veut faire.

Votre concours, Messieurs, est d'une haute importance, et, je le dis encore, la France ne peut pas le dédaigner. Qui mieux que nous peut indiquer les moyens d'arriver sans secousse à l'abolition de l'esclavage ? L'association, ce moyen si puissant de venir en aide aux classes pauvres, d'une exécution si difficile en France, mais déjà préparée ici par la formation des groupes, présente encore dans son application des difficultés que nous prendrons soin d'aplanir avec l'intérêt que nous ne pouvons pas manquer de porter à ceux que nous avons l'habitude de comprendre dans notre famille. La France ne peut pas nous repousser quand nous ne lui demandons que de seconder ses vues, de souffrir que nous lui donnions notre avis, et qu'elle nous admette à discuter dans la chambre élective les lois qui seront désormais soumises à ses délibérations.

Le droit à la représentation nationale, réservé aux seuls Français de la métropole, ne devait pas s'étendre aux colons lorsque les besoins de leur société, si différents de ceux de la mère-patrie, demandaient des lois particulières. Mais quand il s'agit d'abolir l'esclavage, quand les intérêts des colons se confondront avec ceux de la France, pourquoi les colons resteraient-ils étrangers aux débats qui s'agiteront au sein des chambres ? Français comme les Français de la métropole, pourquoi ne jouiraient-ils pas des mêmes priviléges? Pourquoi leur refuserait-on de concourir aux lois de leur pays, et surtout de faire entendre leur voix à la tribune nationale quand on y portera les questions qui intéressent plus particulièrement les colonies?

Je ne vous ai pas encore parlé de l'indemnité, et cependant, vous le comprenez comme moi, abolition et indemnité sont deux choses inséparables. Je ne vous en ai rien dit, parce que pour moi c'est un point sur lequel il n'y a pas de doute possible. Consacrée par la Charte, reconnue par les hommes les plus influents de la France, nous n'avons qu'à demander qu'elle soit comprise dans le projet de loi qui décidera du sort des colonies. Mais il faut que l'on sache que ce n'est pas seulement au point de vue du droit de propriété que l'indemnité est respectable et sacrée ; c'est encore au point de vue de l'intérêt des nouveaux affranchis. Ils ne peuvent attendre leur bien-être que de celui de leurs anciens maîtres, et, en l'état de la fortune des colons, ils seraient aux prises avec la misère, s'il fallait que ceux-ci prissent sur leurs revenus, déjà si réduits, les avantages que l'association ou tout autre mode de rémunération doit assurer aux affranchis. Mais ce n'est pas d'une indemnité qui puisse nous mettre à l'abri du besoin que la France doit seulement se préoccuper : elle doit vouloir que tous ses enfants retirent de leur industrie des bénéfices justes et raisonnables, et elle comprendra que, tant que les colonies gémiront sous le poids de la législation des sucres qui les régit, il n'y aura pour elles que gêne et malaise.

C'est pourquoi j'ai l'honneur de vous proposer de faire rédiger, pour le Roi, une adresse dont je produis ici la substance en ces termes :

« SIRE,

» Le conseil colonial de la Guadeloupe veut se placer à la hauteur des idées qui dominent la France ; il veut s'associer aux vues bienveillantes de la France en faveur de la population soumise à l'esclavage : il vous offre, au nom de la Guadeloupe, d'entrer immédiatement dans la voie de l'émancipation.

» En prenant cette initiative, il est de son devoir d'appeler l'attention de Votre Majesté sur l'utilité de son concours dans les mesures à prendre pour arriver, sans compromettre le bonheur et la sûreté de tous, à la transformation qu'il accepte; il croit devoir protester de son dévoûment à la cause qu'il embrasse, et, pour gage de sa sincérité, il veut, sans retard, se mettre en devoir d'accomplir la tâche qui lui est réservée.

» Daignerez-vous, Sire, faire préparer, sur le travail qui sortira de ses mains, un projet de loi qui embrasse à la fois les conditions de l'émancipation et la fixation de l'indemnité qui sera due aux propriétaires d'esclaves ?

» Daignerez-vous aussi y comprendre les modifications que les besoins des colonies demandent à la loi des sucres ?

» Il croit pouvoir s'en flatter, pénétré qu'il est de la sollicitude paternelle que vous répandez indistinctement sur tous vos sujets, et il se flatte encore de l'espoir que Votre Majesté voudra bien lui demander son avis sur les projets de loi qui auront été préparés, et qu'elle n'en ouvrira la discussion qu'après avoir fait proposer aux chambres d'étendre en faveur des colonies le droit à la représentation nationale. »

Cette proposition acceptée, la commission dont j'ai l'honneur d'être l'organe vous demande de décider qu'une commission de cinq membres, prise dans votre sein, s'occupera, pendant la durée de la présente session, de réunir les documents qu'elle croira les plus propres à la conservation de l'ordre et du travail, en s'attachant particulièrement au principe de l'association et au moyen de le mettre en pratique.

ADRESSE AU ROI.

SÉANCE DU 10 JUILLET 1847.

« Sire,

» La loi du 18 juillet 1845 semblait devoir, pendant quelques
» années encore, prémunir les colonies contre de dangereuses
» innovations ; mais elle n'a pas répondu aux exigences toujours
» croissantes des idées nouvelles.

» Le Conseil colonial de la Guadeloupe veut s'associer à la pensée
» de la France. Il vient offrir à Votre Majesté, au nom du pays,
» de marcher avec elle dans la voie de l'émancipation.

» En entrant franchement dans cette voie, le Conseil doit ap—
» peler l'attention de Votre Majesté sur l'utilité de son concours
» dans les mesures à prendre pour arriver, sans compromettre le
» bonheur et la sûreté de tous, à la transformation qu'il accepte.
» Il proteste de son dévoûment à la cause qu'il embrasse, et,
» pour gage de sa sincérité, il veut sans retard se mettre en de—
» voir d'accomplir la tâche qu'il s'est imposée.

» Déjà une commission a été nommée par le Conseil ; elle a
» pour mission de préparer un plan qui, dans la vue de la trans-
» formation sociale des colonies, aurait pour objet le maintien du
» travail, et pour base le principe de l'association, principe d'une
» application peut-être impossible en Europe, mais qui peut se
» réaliser dans des pays où se trouvent déjà tout formés des
» groupes de famille et de société.

» Si les vœux du Conseil sont écoutés, Votre Majesté daignera
» consulter le travail qu'il aura préparé, comme l'un des éléments
» de la loi qui réglera les conditions de l'émancipation, en fixant
» l'indemnité dont votre gouvernement a maintes fois proclamé
» la justice.

» La situation exceptionnelle des colonies pourrait expliquer
» jusqu'ici l'exclusion des colons de la chambre élective ; mais

» l'initiative que le Conseil prend en ce moment fait disparaître
» des distinctions que repousse la qualité de Français. Ils deman-
» dent à Votre Majesté de participer à la représentation nationale.

» Si e, toute émancipation partielle, en introduisant des causes
» de dissolution dans les groupes dont se compose la société colo-
» niale, serait fatale au succès de l'œuvre que nous voulons ac-
» complir avec la France. Le Conseil supplie Votre Majesté de
» préserver les colonies des malheurs qu'entraîneraient inévita-
» blement pour elles de semblables mesures.

» Nous sommes avec un profond respect,

   » Sire,

      » de Votre Majesté,

         » Les très humbles, très obéissants
           » et fidèles serviteurs,

Les Secrétaires :   Le Président du Conseil colonial :
» *Signé* A. LEGER et LEDENTU. »   » *Signé* AMBERT.

M. de Bovis : « Messieurs, la discussion de la dernière séance
n'aura pas été perdue, et l'adresse qu'on vous présente aujourd'hui
y a puisé, sans aucun doute, cette allure plus résolue que je suis
heureux d'y remarquer. Je désire qu'il soit bien constaté que la
minorité dont je faisais partie contre la proposition de M. Payen
n'a voté contre cette proposition que parce qu'elle ne lui semblait
pas formuler assez nettement la demande de l'émancipation simultanée. Aujourd'hui les dissidences doivent cesser, la minorité
doit s'incliner et se rallier sincèrement aux vœux exprimés dans
l'adresse dont on vient de vous donner lecture, et que nous adop-
terons, je l'espère, par acclamation. Aucun de nous, Messieurs,
ne se dissimule l'importance de la résolution solennelle que nous
allons prendre. Notre vote proclame l'abolition de l'esclavage ; il
élève une muraille entre le passé et l'avenir. Oublions donc le
passé ; étouffons de stériles regrets, s'il en est encore au fond de
nos cœurs, et tournons avec courage nos regards vers cet avenir
de régénération qui s'ouvre devant nous ; que le concours de

toutes les intelligences et de toutes les volontés soit désormais acquis à l'œuvre de notre transformation sociale ! »

M. Payen : « Je suis heureux de cette adhésion de la minorité ; notre résolution y puisera une nouvelle force, et ce concert unanime des opinions sera le gage le plus solennel de la sincérité de notre concours à l'œuvre de l'émancipation. Je remercie donc la minorité des dispositions qu'elle vient de manifester par l'organe de l'un de ses membres. Cependant je dois dire au Conseil que l'adresse dont il vient d'entendre lecture n'est que l'expression fidèle de la proposition adoptée dans la séance d'hier. La commission, esclave du vote du Conseil, s'est scrupuleusement maintenue dans les limites qui lui étaient tracées. »

Personne ne demandant la parole, le président met l'adresse aux voix par assis et levé.

Tous les membres du conseil, à l'exception d'un seul, se lèvent en faveur de l'adoption.

L'adresse au roi est adoptée, sans modifications, *à l'unanimité, moins une voix.*

LETTRE DE M. LE GÉNÉRAL AMBERT

AUX DÉLÉGUÉS DE LA GUADELOUPE,

ACCOMPAGNANT L'ENVOI DES ADHÉSIONS
DES COMMUNES DE LA COLONIE A LA RÉSOLUTION DU CONSEIL COLONIAL.

Basse-Terre, le 11 août 1847.

Messieurs les Délégués,

Je suis heureux de pouvoir vous transmettre la manifestation éclatante des colons de la Guadeloupe en faveur de l'acte par lequel le conseil Colonial, partageant l'opinion de ses délégués, a pris l'initiative des graves mesures qui seules peuvent sauver les colonies d'une perte imminente.

Vous trouverez sous ce pli une copie authentique des actes d'adhésion qui me sont déjà parvenus, au nombre de 19. A la Grande-Terre, les communes de Sainte-Anne et du Petit-Canal sont les seules qui n'aient pas encore exprimé leur sentiment; mais, à l'exception d'un très petit nombre de personnes, l'opinion y est la même que dans les autres communes. A la Guadeloupe, il manque la Goyave, le Petit-Bourg et la Baie-Mahault. Les adhésions des deux premières me sont annoncées. Ainsi, si l'on considère que les autres communes de la colonie, telles que les Saintes, la Pointe-Noire, Deshayes, sont de peu d'importance, parce qu'elles ne possèdent que peu d'esclaves, et si l'on met de côté Saint-Martin, dont l'opinion est déjà connue depuis longtemps, on peut dire que le pays est unanime dans l'expression de la pensée qui a dicté les déterminations du conseil colonial, et que son concours est irrévocablement acquis aux mesures qui auront pour objet la représentation directe et l'émancipation simultanée, précédée de l'indemnité et de l'organisation du travail libre sur le principe de l'association.

En provoquant ces adhésions j'ai eu pour but de lier les principaux propriétaires d'esclaves dans la colonie au vote du conseil et à l'opinion des délégués exprimée dans leur lettre du 30
mai.

J'ai voulu aussi vous donner les moyens de répondre victorieu-
sement aux personnes qui pensaient que les colons de la Guadeloupe
n'adopteraient pas franchement la nouvelle situation, et qu'ils en
laisseraient la responsabilité à ceux qui étaient entrés les premiers
dans cette voie.

J'ai voulu enfin mettre un terme à des doutes injurieux sur la
sincérité des colons, et donner un démenti à ceux qui nous accu-
sent de n'avoir d'autre but que d'éluder par tous les moyens les
mesures qui doivent conduire à l'émancipation.

Vous voyez que mon attente n'a pas été trompée. Les manifestations authentiques des grands propriétaires sont un éclatant
démenti donné aux insinuations de l'auteur de l'article qui cher-
che à représenter les habitants de la campagne comme animés de
peu de sympathie pour les actes du conseil. Tout est rompu maintenant avec le passé, et les regrets ou les effets tardifs de quelques
hommes isolés dont l'intelligence et la résolution n'ont pu s'éle-
ver à la hauteur de la nouvelle situation demeureront impuissants
en présence de la conviction ferme et éclairée du pays.

Ayons donc confiance en l'avenir et cherchons-y des garanties
d'ordre et de sécurité que le présent nous refuse. Les tristes effets
de la loi désorganisatrice du 18 juillet, dans son exécution incom-
plète, ne se sont déjà que trop fait sentir. L'esprit de désaffection
se propage avec rapidité ; les plaintes, accueillies avec une nouvelle faveur, se multiplient chaque jour ; une injuste partialité
préside aux actes d'une magistrature placée dans cette cruelle
alternative, de faillir à ses devoirs ou de perdre ses fonctions.

Espérons que l'opinion, si longtemps abusée sur le compte des
colons, reviendra à de plus justes appréciations devant leurs loyales
et courageuses manifestations. Peut-être qu'à la haine succédera
la sympathie ; peut-être que les calomnies et les persécutions dont
ils sont depuis longtemps l'objet disparaîtront, quand on ne verra
plus en eux les défenseurs systématiques de l'esclavage.

Votre tâche sera plus facile maintenant, messieurs les délégués, sur le terrain où vous vous trouvez placés; votre influence doit grandir de toute celle des hommes élevés auxquels vous avez maintenant le droit et le pouvoir de faire appel. Nous espérons tous que les heureux résultats de cette situation ne tarderont pas à se produire.

Agréez, messieurs les délégués, la nouvelle assurance de ma considération distinguée.

Le Président du Conseil colonial,

Signé AMBERT.

ADHÉSIONS DES PROPRIÉTAIRES

AUX PROPOSITIONS CONTENUES DANS LES DÉPÊCHES DES DÉLÉGUÉS DE LA GUADELOUPE
ET DANS L'ADRESSE AU ROI VOTÉE PAR LE CONSEIL COLONIAL
LE **10** JUILLET.

N° 1ᵉʳ. — COMMUNE DU PORT-LOUIS.

Lettre du Maire au Président du conseil colonial.

Monsieur le Président,

Les habitants de ma commune, à l'unanimité, après avoir pris connaissance de deux lettres des délégués, en date du 30 mai, ont cru devoir vous faire connaître leur sentiment relativement à la question coloniale.

Je m'empresse de vous transmettre la lettre qu'ils m'ont invité à vous adresser, avec prière d'en donner communication au conseil colonial.

J'ai l'honneur d'être avec le plus profond respect, etc.

Le Maire,
Signé, SAUX.

Port-Louis, le 8 juillet 1847.

Monsieur le Président,

Les soussignés, habitants propriétaires de la commune du Port-Louis, après avoir pris connaissance d'une lettre des délégués de la Guadeloupe, sous la date du 30 mai, et d'une seconde lettre de même date de M. de Jabrun, l'une et l'autre à votre adresse, déclarent partager complétement les opinions exprimées relativement à la position coloniale, et donnent leur entière adhésion à la marche indiquée comme la plus convenable à suivre.

En conséquence, ils viennent vous prier, monsieur le Prési-

dent, de vouloir bien engager le conseil à faire une démonstration solennelle qui établisse que, rompant avec le passé, il aborde
franchement, loyalement et sans arrière-pensée aucune, l'émancipation; mais qu'il n'entend donner son concours qu'à une émancipation simultanée, précédée d'une juste indemnité et entourée
de toutes les garanties d'ordre et de travail destinées à sauvegarder les intérêts des colonies aussi bien que les intérêts métro-
politains qui s'y rattachent.

Quant aux moyens d'exécuter cette grande mesure, ils seront
nécessairement l'objet d'une étude aussi consciencieuse qu'appro-
fondie; mais ils pensent devoir vous dire que le système d'association, qui sert de base au projet qui vous a été soumis, a obtenu
toutes leurs sympathies.

Les soussignés sont avec respect, etc.

(Suivent les signatures, au nombre de dix-neuf.)

N° 2. — COMMUNE DE L'ANSE-BERTRAND.

Lettre du Maire au Président du conseil colonial.

Anse-Bertrand, 8 juillet 1847.

Monsieur le Président,

J'ai soumis aux habitants réunis de la commune les documents
qui m'ont été communiqués par le conseil colonial; il en est ré-
sulté l'opinion que j'ai l'honneur de vous transmettre.

J'ai l'honneur d'être avec respect, etc.

Le Maire,

Signé, BÉBIAN.

Lettre des habitants.

Monsieur le Président,

Après avoir pris une mûre connaissance des communications
de la délégation du 30 mai dernier, qui nous sont parvenues par

la voie du conseil colonial, nous déclarons adhérer à la politique tracée dans ces documents et au plan d'émancipation qui les accompagne : ce qui est en parfait accord avec les idées de notre adresse au conseil colonial, au moment de la promulgation de la loi du 18 juillet 1845.

Nous avons l'honneur d'être avec respect, etc.

(Suivent les signatures, au nombre de quatorze.)

N° 3. — COMMUNE DU MORNE-A-L'EAU.

Lettre du Maire au Président du conseil colonial..

Mon général,

Je vous envoie l'adhésion des habitants du Morne-à-l'Eau à l'adresse au roi votée par le conseil colonial. Vous la trouverez peut-être un peu laconique, cependant je pense qu'elle suffit.

Permettez-moi de profiter de l'occasion pour vous faire mon compliment bien sincère sur votre discours au conseil : il a été unanimement goûté. J'y ai bien reconnu vos sentiments : il est digne, modéré et fort tout ensemble; mérite fort rare par le temps qui court.

Veuillez agréer, etc.

Signé, C^{lle} EIMAR DE JABRUN.

Morne-à-l'Eau, le 14 juillet 1847.

Vu la position où se trouvent les colonies, par l'opinion de la métropole à leur égard, nous, habitants de la commune du Morne-à-l'Eau, pensons qu'il y a urgence à un changement de situation. En conséquence, nous adhérons pleinement à l'adresse faite au roi par le conseil colonial pour l'obtenir, approuvant ce qu'elle a exprimé et le mode qu'elle indique.

(Suivent les signatures, au nombre de trente-deux.)

Nº 4. — COMMUNE DE SAINT-FRANÇOIS.

Lettre du Maire au Président du conseil colonial.

Saint-François, 26 juillet 1847.

Monsieur le Président,

Sitôt la réception de votre lettre du 11 de ce mois, par laquelle vous me faites l'honneur de m'adresser un exemplaire de l'adresse au roi votée par le conseil colonial, je me suis empressé de prendre des mesures pour constater l'opinion des habitants de cette commune. La pièce que j'ai l'honneur de vous transmettre sous ce couvert témoigne de l'assentiment de la grande majorité des propriétaires de Saint-François. Il s'est trouvé quelques personnes, mais en petit nombre, qui, étant d'un avis contraire, n'ont pas signé.

Cette pièce a été présentée à la signature de tous les individus généralement qui possèdent des esclaves, sans acception de classe ni de caste, et je vous affirme qu'aucun moyen de captation ni de persuasion n'a été employé pour obtenir ces signatures, qui ont été librement apposées.

En donnant mon entier concours à cette mesure, je serais heureux d'apprendre que la même démonstration ait été faite dans les autres communes de la colonie.

J'ai l'honneur d'être respectueusement,

Monsieur le Président, votre, etc.,

Le Maire,
Signé, E. FAVREAU.

Les soussignés, propriétaires dans la commune de Saint-François, déclarent donner leur pleine et entière adhésion et leur concours sans réserve à la démarche faite par le conseil colonial de cette colonie dans son adresse au roi en date du 10 juillet

1847, qui a pour but de s'associer loyalement au gouvernement de la métropole pour arriver par les voies les plus sûres à la transformation sociale qui doit avoir lieu dans leur pays.

Les soussignés comptent sur la protection de la mère-patrie dans les mesures à prendre pour sauvegarder et leurs intérêts et l'existence de leurs familles.

Saint-François, le 18 juillet 1847.

(Suivent les signatures, au nombre de 41.)

N° 5. —LA DÉSIRADE.

Lettre du Maire au Président du conseil colonial.

La Désirade, 18 juillet 1847.

Monsieur le Président,

Je m'empresse de vous faire parvenir l'adhésion des habitants de la commune au vœu exprimé par le conseil colonial dans sa séance du 10 du courant. Nous désirons sincèrement qu'elle soit accueillie du roi et de la métropole.

Je suis avec respect, etc.

Le Maire,
Signé P. PAIN.

Lettre des habitants (même date).

Monsieur le Président,

Les habitants de la commune de la Désirade, en général, viennent, par notre organe, vous prier de faire parvenir à MM. les délégués de la Guadeloupe, en France, leur adhésion pleine et entière au vœu exprimé dans l'adresse au roi votée par le conseil colonial dans sa séance du 10 du présent mois de juillet.

Nous sommes avec respect, etc.

(Suivent les signatures, au nombre de 12.)

N° 6. — LE MOULE.

Lettre du Maire au Président du conseil colonial.

Moule, le 19 juillet 1847.

Monsieur le Président,

Conformément à l'invitation que vous m'avez adressée dans votre lettre du 11 de ce mois, j'ai soumis aux habitants notables de ma commune, pour obtenir leur adhésion, les résolutions que le conseil colonial a cru devoir prendre dans sa dernière session. Aucune opposition réelle ne s'est manifestée ; mais j'ai cru m'apercevoir que, si une partie des notables était disposée à signer purement et simplement, une autre partie ne le voulait faire qu'avec certaines restrictions et sous quelques réserves. Ce manque d'unanimité dans le genre d'approbation m'a fait craindre des dissentions, qui nous seraient, je crois, fort préjudiciables dans des circonstances aussi graves. J'ai donc cessé immédiatement de demander une approbation écrite. Il est important de remarquer que ces dissentiments, ne portant que sur les détails, n'impliquent nullement l'improbation de l'ensemble de la conduite du conseil. Le silence de la commune du Moule peut donc être considéré, en présence des résolutions radicales et décisives du conseil, comme un témoignage de la confiance que ce dernier lui inspire.

Je vous prie de m'excuser, si je ne vous ai pas écrit aussitôt après avoir reçu les lettres de nos délégués. Ces pièces n'étant accompagnées d'aucune lettre émanant du conseil, j'ai cru qu'il s'agissait d'une simple communication à laquelle il n'y avait pas lieu de répondre.

Agréez, je vous prie, Monsieur le Président, l'assurance de ma considération la plus distinguée.

Le Maire,

Signé MONNEROT.

Nº 7. — SAINTE-ROSE.

Lettre du Maire au Président du conseil colonial.

Sainte-Rose, 20 juillet 1847.

Monsieur le Président,

J'ai l'honneur de vous accuser réception de votre lettre du **11** courant, accompagnant l'adresse au roi votée par le conseil colonial dans la séance du 10. Je m'empresse de vous transmettre l'adhésion des principaux propriétaires de ma commune à cette adresse.

Notre position devient de plus en plus difficile et notre avenir se compromet tous les jours. Une solution à un tel état de choses est à désirer. Le travail diminue, les ateliers sont en fermentation et opposent aux propriétaires une force d'inertie que rien ne peut vaincre. La moindre punition infligée à un nègre, ou même une menace de punition, est suivie d'un marronage de quinze jours et quelquefois de plusieurs mois. Voilà, monsieur le président, le véritable état des choses dans ma commune, dont les ateliers avaient toujours été animés d'un bon esprit.

Veuillez agréer, Monsieur le Président, etc.

Le Maire,

Signé LE BOYER.

Nous, principaux propriétaires de la commune de Sainte-Rose, déclarons approuver la marche suivie par le conseil colonial à sa dernière session, et donner notre adhésion à l'adresse au roi votée dans la séance du 10 du courant.

(Suivent les signatures, au nombre de 17.*)*

N° 8. — LES ABYMES.

Lettre du Maire au Président du conseil colonial.

Abymes, 20 juillet 1847.

Monsieur le Président,

J'ai l'honneur de vous retourner l'adresse au roi votée par le Conseil colonial, que vous m'avez adressée avec votre lettre du 11 de ce mois, et qu'il ne m'a pas été possible de vous envoyer plus tôt, ayant eté obligé de la faire signer à domicile par les habitants, dont la plupart sont très éloignés de la mairie; encore n'ai-je pu obtenir autant de signatures que je l'aurais désiré.

Agréez, je vous prie, Monsieur le Président, l'assurance de ma haute considération.

Le Maire,
Signé DAVID.

(Au bas d'un exemplaire de l'adresse au roi se trouvent écrites les lignes suivantes :)

Les habitants des Abymes, soussignés, adhèrent complétement à l'adresse ci-dessus, votée par le conseil colonial dans sa séance du 10 juillet 1847.

(Suivent les signatures, au nombre de 30.)

N° 9. — COMMUNE DU BAILLIF.

Lettre du Maire au Président du conseil colonial.

Baillif, 22 juillet 1847.

Monsieur le Président,

J'ai l'honneur de vous adresser l'acte par lequel la commune du Baillif a adhéré aux mesures prises par le conseil colonial pour opérer notre transformation sociale.

Permettez-moi de saisir cette occasion de féliciter le conseil et particulièrement son président de l'heureuse attitude prise dans cette session ; elle seule pouvait nous sauver ; vous en avez eu le premier la pensée, et en cela, général, vous avez ajouté un nouveau titre à tous ceux que vous avez déjà à l'estime et à la reconnaissance de vos concitoyens.

Agréez, je vous prie, Monsieur le Président, l'assurance de mes sentiments de haute considération.

Le Maire,
Signé BOUVIER.

En présence de la situation actuelle des questions coloniales, et des tendances de l'opinion à leur égard ;

Considérant

Que la loi du 18 juillet 1845 a introduit dans notre régime social des embarras et des difficultés qui compromettent le travail et même la tranquillité ;

Qu'elle a détruit les liens d'affection et de confiance qui existaient entre les maîtres et les esclaves, pour y substituer l'antagonisme et la défiance ;

Qu'elle a pour résultat d'enlever chaque jour des travailleurs à la culture pour les livrer à l'oisiveté, à l'isolement et à la misère, et les jeter dans les désordres du vagabondage et de la prostitution ;

Qu'en diminuant le travail des esclaves et en augmentant les charges des maîtres, elle a imposé à ceux-ci des obligations auxquelles il leur est matériellement impossible de faire face ;

Convaincus qu'un tel état de choses est incompatible avec le bien-être de tous et qu'il est urgent d'en sortir,

Les habitants propriétaires de la commune du Baillif, soussignés,

Après avoir pris connaissance de la correspondance des délégués de la colonie, d'un projet d'organisation du travail par association, et de l'adresse au roi votée par le conseil colonial,

Déclarent donner leur adhésion formelle à tout acte ayant pour objet d'entrer franchement dans la voie de l'émancipation ;

Protestent de la sincérité de leur concours à toute mesure ayant pour offet d'opérer la transformation sociale des colonies, sous la condition d'une juste et préalable indemnité et sous les garanties d'ordre et de travail renfermées dans le système de l'association ;

Déclarent que, dans leur pensée, tout autre mode d'émancipation aurait les plus funestes conséquences et entraînerait à la fois la ruine du maître et le malheur de l'esclave.

Fait au Baillif, le 20 juillet 1847.

(Suivent les signatures, au nombre de 21.)

N° 10. — COMMUNE DU VIEUX-FORT.

Lettre du Maire au Président du conseil colonial.

Vieux-Fort, 22 juillet 1847.

Monsieur le Président,

J'ai fait part aux habitants de ma commune des communications que vous avez bien voulu me faire des dépêches des délégués du 30 mai, ainsi que de l'adresse du conseil colonial au roi, votée ces jours derniers.

Le plan et les demandes formulés dans ces documents ont été généralement accueillis, et j'ai l'honneur de vous remettre ci-joint la lettre d'adhésion que vous adressent les habitants.

Je suis respectueusement, etc.

Le Maire,
Signé B. MERCIER.

Vieux-Fort, le 20 juillet 1847.

Monsieur le Président,

Les soussignés, habitants de cette commune,

Après avoir pris connaissance de deux dépêches des délégués

du 30 mai dernier, qui leur ont été communiquées par votre intermédiaire, et de l'adresse au roi votée par le conseil colonial à sa dernière réunion ;

Convaincus que le plan d'émancipation présenté par les délégués, de même que l'initiative prise par le conseil dans l'adresse, et tendant à demander au roi : 1° la suspension de toute mesure partielle, 2° l'abolition simultanée de l'esclavage en fixant l'indemnité, 3° l'organisation du travail au moyen de l'association et de tous autres règlements nécessaires à ce but, 4° enfin la représentation directe des colonies à la chambre, au moins pendant que ces mesures se discuteront ; convaincus, disons-nous, que ce sont là les seuls moyens, s'ils sont accueillis, de fonder l'avenir colonial et d'assurer à tous les intérêts de justes garanties, nous déclarons adhérer complétement à la marche tracée par nos délégués et aux demandes formulées par l'adresse du conseil colonial.

Nous sommes avec respect, etc.

(Suivent les signatures, au nombre de 36.)

N° 11. —COMMUNE DE GOURBEYRE.

Les habitants propriétaires d'esclaves de la commune de Gourbeyre, à M. le général Ambert, président du conseil colonial de la Guadeloupe.

Gourbeyre, 20 juillet 1847.

Monsieur le Président,

Vous avez pensé qu'en présence des événements graves qui agitent notre pays, et qui peuvent modifier d'une manière radicale notre système colonial, il y aurait danger de reculer devant la grande mesure de l'émancipation des esclaves, et qu'enfin la colonie devait prendre l'initiative dans cette haute question que l'époque exige, et que la justice et la raison demandent.

Dans cette vue, une adresse à Sa Majesté a été votée à l'unanimité par le conseil colonial.

Bien que cette assemblée soit l'organe naturel du pays, qu'elle soit investie de toute notre confiance, qu'elle ait notre approbation acquise dans les actes où il s'agit de nos fortunes et de la sûreté de nos familles, nous venons, Monsieur le Président, après une mûre et sérieuse attention des choses, lui offrir le concours de nos vœux et nous associer avec elle dans sa démarche auprès du gouvernement de la métropole.

Nous acceptons le projet de l'association, et nous ne mettons pas en question, un seul instant, que ce système ne réussisse ici et qu'il n'assure le bien-être de nos familles et de nos esclaves, et u'il ne conserve à la France une aussi importante colonie que la Guadeloupe.

Nous joignons nos vœux à ceux du conseil pour la représentation directe à la chambre des députés. Nous verrions avec bonheur notre pays devenir partie intégrante de la France et en former un département.

Agréez, etc.

(Suivent les signatures, au nombre de 35.)

N° 12. — COMMUNE DE LA BASSE-TERRE (*extra muros*).

Lettre du Maire au Président du conseil colonial.

Basse-Terre (*extra-muros*), le 2 août 1847.

Monsieur le Président,

J'ai l'honneur de vous adresser sous ce pli l'acte d'adhésion à l'adresse au roi votée par le conseil colonial de la Guadeloupe le 10 juillet dernier.

Vous remarquerez que cet acte est signé par tous les propriétaires présents de la commune.

Soyez, je vous prie, assez complaisant pour le porter à la connaissance de nos délégués.

J'ai l'honneur d'être, etc.

Le Maire,

Signé PETIT MOUSTIER.

Nous habitants propriétaires de la commune de la Basse-Terre (*extra muros*), après avoir pris connaissance de l'adresse au roi, votée par le conseil colonial de la Guadeloupe et dépendances, qui nous a été donnée en communication par M. le maire de la commune,

Déclarons par ces présentes l'approuver en tout son contenu.

Maison-Commune, le 20 juillet 1847.

(*Suivent les signatures, au nombre de 40.*)

N° 13. — COMMUNE DU LAMENTIN.

Lettre du Maire au Président du conseil colonial.

Lamentin, le 22 juillet 1847.

Monsieur le Président,

J'ai l'honneur de vous adresser l'adhésion des habitants de cette commune à l'adresse que le conseil colonial a votée au roi, dans la séance du 10 courant.

Je désire beaucoup, Monsieur le Président, que cette mesure, la seule qui nous paraisse propre à garantir notre avenir, puisse nous sauver du danger qui menace notre malheureux pays.

Veuillez agréer, je vous prie, Monsieur le Président, l'assurance de ma considération très distinguée et de mon hommage respectueux.

Le Maire,

Signé DE BOUBERS.

Nous soussignés, habitants propriétaires de la commune du Lamentin, déclarons approuver et adhérer aux propositions faites au nom du pays par le conseil colonial de la Guadeloupe, dans sa séance du 10 juillet, et dont les motifs sont énoncés dans son adresse au roi ; et avons signé.

(Suivent les signatures, au nombre de 25.)

N° 14. — LA POINTE-A-PITRE.

Lettre du Maire au Président du conseil colonial.

Pointe-à-Pitre, le 26 juillet 1847.

Monsieur le Président,

J'ai l'honneur de vous accuser réception de votre lettre du 11 de ce mois, qui recouvrait un exemplaire de l'adresse au roi votée par le conseil de la Guadeloupe dans sa dernière session.

J'aurais craint de m'écarter de la légalité en faisant de cette adresse l'objet d'une communication officielle au conseil municipal ; mais, profitant d'une circonstance qui réunissait presque tous les membres du conseil, nous en avons conféré dans l'intimité. Je suis autorisé à vous dire que, si le conseil municipal de la Pointe-à-Pitre avait à s'expliquer sur la question, il n'hésiterait pas à donner son entière adhésion à cette adresse. Je puis ajouter qu'elle ne rencontre pas moins d'approbation dans la très grande majorité de notre population.

Veuillez agréer, Monsieur le Président, l'assurance de mes sentiments les plus distingués.

Le Maire,

Signé Champy.

Nᵒ 15. — COMMUNE DE BOUILLANTE.

Lettre du Maire au Président du conseil colonial.

Bouillante, le 31 juillet 1847.

Monsieur le Président ,

J'ai l'honneur de vous retourner sous ce pli l'ampliation que vous avez bien voulu me faire tenir de l'adresse au roi votée par le conseil colonial dans sa séance du 10 de ce mois.

Les signatures dont se trouve revêtue cette adresse témoignent, Monsieur le Président, de l'assentiment donné par les habitants de Bouillante aux mesures adoptées par les représentants de la colonie, dans le but de la sauver des dangers qui la menacent; mais elles ne révèlent ni les avantages que nous en attendons pour sortir d'une situation intolérable, ni la reconnaissance que nous conserverons tous au conseil colonial de cet acte de haute sagesse.

Appelé en ma qualité à vous faire part des sentiments qui nous animent tous, je vous prie de vouloir bien me permettre de vous offrir en même temps, Monsieur le Président, l'expression de la respectueuse considération avec laquelle j'ai l'honneur, etc.

Le Maire,
Signé V. LESUEUR.

Au bas de l'adresse du conseil colonial au roi se trouve l'assentiment de la commune, en ces termes :

Les habitants de la commune de Bouillante, soussignés, communication prise de l'adresse ci-dessus,

Déclarent lui donner leur pleine adhésion et être prêts à marcher avec la France dans la voie d'une émancipation générale, précédée d'une juste indemnité, et accompagnée du maintien du travail et de l'ordre.

Bouillante, le 25 juillet 1847.

(Suivent les signatures , au nombre de 16.)

Nº 16. — COMMUNE DES VIEUX-HABITANTS.

Lettre du maire au président du conseil colonial.

Vieux-Habitants, 3 août 1847.

Monsieur le Président,

J'ai l'honneur de vous transmettre le procès-verbal d'adhésion des habitants de la commune des Vieux-Habitants à l'adresse au roi votée par le conseil colonial dans sa séance du 10 juillet dernier.

Un accident arrivé chez moi m'a empêché d'assister à la dernière séance du conseil. Je croyais, comme on en était convenu, qu'on aurait attendu l'arrivée du packet pour se séparer. Je regrette qu'on ait mis tant de précipitation dans la confection d'une œuvre dont dépend peut-être le salut de la colonie ; telle qu'elle est, je l'eusse cependant votée, bien qu'elle n'aille pas à mes convictions.

J'aurais désiré que l'adresse au roi eût au moins la couleur de celle au gouverneur. Nous ressemblons à des lions dans celle-ci, et à des moutons dans celle-là. Nous partons de bien haut pour arriver bien bas. Rappelez-vous, monsieur le président, qu'on n'a jamais d'égards pour les gens qui ont peur. Rappelez-vous comment l'offre de notre concours a été reçue, et quand nous protestons de notre dévoûment à la cause que nous embrassons, nous mentons, et on le sentira, parce que nous ne savons pas mentir.

Le temps de la tactique est passé, a dit M. de Jabrun dans sa brochure, et il a dit vrai. Pourquoi ne pas dire franchement que nous avons voulu arrêter tant que nous avons pu la ruine des possessions de la France, qui entraînait la nôtre, et que maintenant nous préférons notre ruine à la condition de parias qu'on nous a faite.

On a fait un grand crime à Bovis d'avoir parlé du droit commun. Mais vous avez beau employer un style plat et mielleux, que demandez-vous ? N'est-ce pas le droit commun ? Et que vous donnera-t-on si l'on vous écoute, n'est-ce pas le droit commun ?

En vérité, monsieur le président, dans son adresse timide, flasque et circonspecte, le Conseil a l'air de craindre d'obtenir ce qu'il demande : on dirait qu'il veut endormir ses juges. Il agit en présence du danger, qui est imminent, comme l'autruche fait avec le chasseur : elle cache sa tête et croit qu'on ne la voit plus.

Je suis avec respect, etc.

Le Maire,

Signé VERNIER.

L'an mil huit cent quarante-sept, le dimanche 1ᵉʳ août,

Les habitants de la commune des Vieux-Habitants, ayant pris individuellement connaissance de l'adresse au roi votée par le conseil colonial dans sa séance du 10 juillet dernier, se sont réunis au bourg de leur commune pour se concerter entre eux.

Découragés par l'indiscipline et l'inertie de leurs ateliers, cause imminente de ruine ;

Humiliés par les visites domiciliaires des magistrats ;

Tracassés et blessés par l'accueil bienveillant des procureurs du roi à des plaintes le plus souvent invraisemblables ;

Ayant devant eux la perspective des cours prévotales,

Leur position n'est plus supportable.

Ils ont donc approuvé la mesure prise par le conseil colonial et lui en votent des remercîments, regrettant toutefois le manque de précision et d'énergie dans la contexture de l'adresse, énergie qui accompagne toujours les grandes résolutions et en affirme la sincérité, énergie qui n'eût pas manqué d'associer à notre cause des hommes influents et capables, et que son absence laissera peut-être dans le doute.

Après avoir laissé déborder ces sentiments, les habitants ont signé le présent procès-verbal.

Suivent les signatures, au nombre de 17.

Nº 17.—COMMUNE DU GOZIER.

Lettre du maire au président du conseil colonial.

Gozier, 2 août 1847.

Monsieur le Président,

Par votre circulaire du 11 juillet dernier, vous me remettez un exemplaire lithographié de l'adresse au roi votée par le conseil colonial, et vous m'invitez à la communiquer aux principaux propriétaires de la commune.

Je me suis conformé à votre désir, monsieur le président, et, aujourd'hui, j'ai l'honneur de vous retourner cette adresse, revêtue de la signature des principanx propriétaires du Gozier. Deux ou trois seulement ont refusé, et plusieurs autres, absents de la colonie, n'ont pu exprimer leur adhésion.

Depuis que les colonies sont devenues l'objet d'une haine injuste et systématique, de calomnies odieuses et d'un régime exceptionnel qui détruit tout, sans rien édifier, la position qui nous est faite n'est, en effet, plus tenable. J'adhère donc, personnellement, à la demande d'une émancipation faite par le conseil colonial dans son adresse au Roi, mais dans le cas seulement où cette grande mesure sera précédée ou au moins accompagnée d'une sérieuse indemnité, sans laquelle, il faut le dire, cette émancipation ne serait qu'une spoliation de la fortune coloniale, que la force pourrait seule nous imposer.

Veuillez agréer, je vous prie, monsieur le président, l'assurance de ma considération très distinguée,

Signé KAYSER.

(Au bas de l'adresse du conseil colonial est écrit :)
Les habitants, propriétaires, de la commune du Gozier, qui sont de l'opinion exprimée dans l'adresse au Roi ci-dessus, sont priés d'apposer leurs signatures au bas du présent, en forme d'adhésion.

(Plus bas :)

Nous donnons notre adhésion à l'adresse ci-dessus, en désirant, toutefois, que la question de l'indemnité soit exprimée d'une manière plus positive et sans laquelle nous ne pourrions nous associer à une transformation qui occasionnerait notre ruine.

Suivent les signatures, au nombre de 11.

Ensuite est la légalisation donnée par le maire aux signatures des habitants.

N° 18. — COMMUNE DE LA CAPESTERRE.

Lettre du Maire au Président du conseil colonial.

Capesterre, le 4 août 1847.

Monsieur le Général,

J'ai l'honneur de vous retourner la pétition que le conseil colonial, que vous présidez, a cru devoir, dans l'intérêt du pays, adresser à Sa Majesté, et que vous aviez bien voulu m'envoyer.

Vous remarquerez que, pour prouver leur adhésion à cette importante démarche, tous les grands propriétaires de la Capesterre y ont apposé leur signature.

Daignez agréer, monsieur le général; l'hommage de mes sentiments les plus distingués.

L'adjoint au maire,

Signé J. POYEN.

Au bas de l'adresse du conseil colonial au roi se trouvent apposées les signatures des principaux habitants, au nombre de 32.

Pour copie conforme aux pièces originales déposées aux archives du conseil colonial,

Le Secrétaire-Archiviste,

CH. MERCIER.

Basse-Terre, le 7 août 1847.

N° 19. — COMMUNE DES TROIS-RIVIÈRES.

Lettre du Maire au Président du conseil colonial.

Trois-Rivières, le 31 juillet 1847.

Monsieur le Président,

J'ai l'honneur de vous adresser l'acte d'adhésion que vous demandez par votre lettre du 11 courant. Heureux si les gouvernants ne scindent pas la proposition contenue en l'adresse ! Mais, quoi qu'il puisse arriver, le pays se rappellera l'impossibilité où il était de faire autrement.

J'ai l'honneur d'être, etc.

L'Adjoint, faisant fonctions de Maire,

Signé, ROMMIEU.

Nous, soussignés, habitants propriétaires en la commune des Trois-Rivières, déclarons partager le vœu exprimé en l'adresse du conseil colonial relativement à la transformation sociale des colonies.

Cette adhésion est fondée sur notre confiance en la justice du roi pour le principe de l'indemnité, et en la prudence de la chambre élective, qui ne peut perdre de vue que les prolétaires de France verront par le chiffre de cette indemnité le degré de respect que doit inspirer la propriété.

Fait aux Trois-Rivières, le 31 juillet 1847.

Suivent les signatures.

Pour copie conforme,

Le Secrétaire-Archiviste,

CH. MERCIER.

N° 20. — CAPESTERRE, MARIE-GALANTE.

A monsieur le général Ambert, Président du conseil colonial.

Le 26 juillet 1847.

Monsieur le Président,

J'ai donné communication au conseil municipal de la Capesterre, réuni aujourd'hui en séance, de la correspondance de nos délégués, et lui ait fait part des résolutions qui ont été prises par le conseil colonial dans sa dernière session.

J'ai la satisfaction de vous dire qu'à l'unanimité, moins une voix, les membres composant le conseil ont applaudi à ces déterminations, les jugeant seules capables de sauver d'une ruine certaine la société et la fortune coloniales.

L'adresse au Roi surtout, empreinte d'une sincérité d'intentions que nous partageons tous, leur paraît être de nature à faire comprendre aux abolitionistes de bonne foi, auxquels nous nous rallions, que les colons ne sont rebelles qu'aux innovations dangereuses et injustes, et qu'ils acceptent franchement celles qui sont compatibles avec l'équité, l'ordre, le travail et les droits acquis.

Le conseil municipal de la Capesterre donne donc sa complète adhésion aux résolutions sorties de la dernière session du conseil colonial, et il croit devoir vous signaler l'attention toute particulière qu'il a donnée au mode d'association esquissé par nos délégués; il pense que ce système est le plus propre, *le seul propre* à tout concilier.

Le conseil municipal m'invite, comme maire, à porter à la connaissance d'un grand nombre d'habitants de cette commune les documents qui lui ont été communiqués, afin qu'ils soient également admis à témoigner de leur approbation, par l'apposition de leurs signatures à la suite de celles des membres du conseil.

J'ai l'honneur d'être avec respect,

Monsieur le Président,

Votre très humble et très obéissant serviteur,

Le Maire de la Capesterre, conseiller colonial,

F. BELLEVUE.

Suivent les signatures, au nombre de vingt-huit.

N° 21. — VILLE–BASSE-TERRE.

Lettre du Maire au Président du conseil colonial.

Basse-Terre, le 15 août 1847.

Monsieur le Président,

J'ai communiqué, ainsi que vous le désiriez, aux habitants les plus notables de cette ville, l'adresse au roi que le conseil colonial a votée dans sa dernière session, pour demander l'abolition de l'esclavage et la représentation des colonies dans les chambres législatives de la France. Tous, sans exception, m'ont chargé de vous déclarer qu'ils adhéraient pleinement à cet acte du conseil colonial.

Agréez, monsieur le président, l'assurance de ma haute considération,

Le Maire,

Signé LIGNIÈRES.

Pour copie conforme à l'original déposé aux archives du conseil colonial,

Le Secrétaire-Archiviste du conseil colonial,

CH. MERCIER.

Basse-Terre, 25 août 1847.

RAPPORT DE LA COMMISSION

SUR UNE PROPOSITION D'ADRESSE AU ROI.

(M. DE BOVIS, *rapporteur.*—16 *novembre* 1847.)

Messieurs,

Votre commission m'a délégué le soin de venir vous apporter son approbation aux propositions que vous l'avez chargée d'examiner. Ma tâche sera sans doute facile, puisqu'elle consiste à vous reproduire des considérations que j'ai déjà eu l'honneur de vous exposer.

Vous m'avez tous recommandé d'être bref, je pourrai l'être encore facilement : car, s'il faut discuter avec ceux qui protestent, entre gens de commune foi les opinions se symbolisent.

Votre adresse vous a concilié les hommes de bonne foi, mais il en est d'autres habitués à chercher la popularité à vos dépens ; vous leur enlevez une curée et vous leur créez un embarras, car en leur offrant de marcher avec eux dans l'abolition, c'est les forcer à y marcher eux-mêmes ; si vous étiez prêts, peut-être ne l'étaient-ils pas. Pourquoi alors avoir accusé vos résistances et vos lenteurs ? Vous accusiez, à votre tour, leur impuissance. — Il convenait dès lors d'attaquer la sincérité de votre adresse, pour éviter d'y répondre.

Vous, Messieurs, vous avez pris les choses au sérieux ; vous vous étiez imposé une tâche, vous l'avez faite. Vous deviez vous réunir de nouveau pour discuter un travail d'organisation : vous vous êtes réunis, vous l'avez discuté, vous l'avez voté, vous l'allez envoyer. Que vous reste-t-il désormais à faire ? Vous avez

offert au gouvernement de marcher avec lui dans la voie de l'abolition , vous y êtes, et vous l'attendez.

Aussi désormais plus d'embûches, et qu'il soit compris que , si
les colons n'ont pas prétendu précipiter des mesures qui ne pour-
ront s'exécuter qu'après celles destinées à garantir le travail et à
assurer l'indemnité, ils sont cependant prêts à marcher avec le
gouvernement aussitôt qu'il fera sonner l'heure du départ.

Voilà, Messieurs, tout ce qu'a dit votre première adresse, voilà
ce que vous renouvelez aujourd'hui , et que vous allez confirmer
en le renouvelant.

Mais si, avant de se déterminer à réaliser l'abolition, qu'il a
cependant dit être la conséquence et la fin de la loi du 18 juillet,
le gouvernement devait prendre le temps d'aviser ; serait-il juste,
Messieurs , qu'il voulût perpétuer pendant ce temps l'exercice
d'une loi, espèce de torture, qui ne semblait vous avoir été
imposée que pour vaincre vos résistances? Vos résistances sont,
à l'avenir, vaincues ; que l'on relâche les liens, que l'on écarte
les coins, — car vous vous êtes écriés d'un cri suprême que
votre état était intolérable ! — L'opinion vous reprochait de lutter
contre elle, et elle avait armé contre vous la main du gouvernement du fouet et de l'aiguillon ; vous avez désormais satisfait à
l'opinion, vous marchez avec elle, vous marchez même devant
elle : n'est-il pas juste qu'elle fasse tomber des mains où elle les
a mis cet aiguillon et ce fouet qui vous déchirent? Vous faisiez
attendre, se plaignait-on? C'est aujourd'hui vous qui attendez ;
voudrait-on vous punir de ses propres retards, comme on vous
punissait des vôtres? En écartant de ses paroles toute nouvelle
peinture des maux dont vous souffrez , maux cuisants qui ont
suffisamment eu à cette tribune leur plainte et leur cri , et qu'on
a vainement cherché à affaiblir en les démentant, l'auteur de la
proposition a attiré l'attention sur l'effet funeste des ordonnances
qui accompagnent la loi qu'il vous a représentée comme compro-
mettant politiquement et socialement le but de cette loi : dans un
siècle qui proclame l'aggrégation et l'association des forces comme
principe social, les y prépare-t-on par l'antagonisme et la désaffection ? Si c'est de l'union de la force avec l'intelligence que doit

naître un meilleur sort des classes sociales, si à cette union il convient d'appeler un troisième associé, le capital, une codification qui les dissout, qui les sépare ou les détruit, est-elle une idée intelligente ? Et, à ce seul point de vue, la France le serait-elle, à défaut de compassion, en perpétuant la gêne où vivent les populations de sa colonie ? Dès lors, votre collègue a été amené naturellement à vous proposer la conclusion de prier Sa Majesté de suspendre la rigueur d'une législation qui, comme il le dit, peut avoir eu son fait et son temps, mais qui, en se prolongeant, compromettrait l'œuvre. L'art emploie bien des caustiques violents, mais il mesure leur durée : car, s'il les continuait, il risquerait d'emporter le malade.

Placé dans ces idées, la question d'inamovibilité de la magistrature se présentait naturellement à la pensée de votre collègue, et, quoi qu'il eût pu dire, quoi que vous ayez pu dire vous-mêmes sur le rôle qui a été imposé à la magistrature et qu'elle a accepté dans la triste mission dont la colonie est la victime, ce ne sont pas des paroles de reproche, c'est sa cause, au contraire, que vous avez fait entendre. La confiance dans sa magistrature est un besoin pour une société, et, ne serait-ce que pour l'avoir détruite, qu'il faudrait condamner une législation qui, en dissolvant tous les liens, n'a pas même épargné ceux-là. Ce n'a pas été par des discussions théoriques et politiques que la question d'inamovibilité a été examinée ; ces discussions vous les avez approfondies, et depuis long-temps la France ne les approfondit plus. Le siècle, dans la marche de ses idées, jette successivement derrière lui des analyses qui embarrasseraient sa marche, et s'en tient à des synthèses où tout se résume d'un mot ; l'inamovibilité de la magistrature en est un. Dès lors le raisonnement ne pouvait rien auprès de la France de la part des colons pour obtenir cette inamovibilité, puisque le raisonnement avait pu amener la France à la proscrire. C'est à des sentiments que l'on n'invoque jamais en vain que l'auteur de la proposition a été s'adresser. Reproduisons ici ses paroles, plus expressives que le commentaire que dans notre nouveau rôle nous voudrions vous en faire. « Adressons-nous au roi, au roi, au nom duquel se rend la justice ; et au moment où une nouvelle institution criminelle nous enlève au jugement de nos pairs, pour placer nos fortunes, notre vie et notre honneur, sous la main des magistrats, que le roi rassure sa propre conscience, qu'il délègue aux juges ses mandataires, en mettant la leur à l'abri par l'inamovibilité de leurs fonctions! »

Le roi, Messieurs, est fait pour comprendre ce langage.

Ainsi que la question d'inamovibilité, celle de la représentation directe n'en est depuis long-temps plus une pour vous et pour la France. Ouvrez le mémorable rapport de l'illustre président de la commission des affaires coloniales, c'est par un projet de re-présentation des colonies au sein des chambres qu'il débute. Quant à vous, Messieurs, quatre de vos sessions ont successivement débattu l'opportunité de cette demande. Ce sentiment intime de l'individualité qui se cantonne vous écartait avec effroi de ce tout qui allait vous emporter dans une spirale immense : une fois mêlés ensemble, des éléments, quels qu'ils soient, s'aggrègent, s'assi-milent, se confondent; or, vous teniez à votre spécialité et à votre forme. Mais vint le moment où vous pûtes reconnaître que votre intérêt particulier n'était plus de force à protéger cette individua-lité, cette spécialité, cette forme, et vous avez compris qu'il vous fallait être ce que sont les autres pour n'être pas moins que les autres. Vous avez alors demandé la représentation directe des colonies au sein des chambres.

Vous aviez été prévenus par les colons, vos frères, résidant à Paris. Placés au centre de l'opinion, près du pouvoir; effrayés de ce qu'ils entendaient dire des effets de la loi de juillet dans les co-lonies, plus effrayés encore des effets ultérieurs que s'en promet-tait le gouvernement, qui pesait sur son ressort; menacés de l'abo-lition partielle des enfants et encore de celle des esclaves de traite de 1817, ils présentèrent aux chambres une pétition qui concluait à la représentation directe des colonies au sein des chambres. Il y fut répondu par un mot, et ce mot était peut-être sans réplique en l'état : c'est qu'un pays régi exceptionnellement ne pouvait pas prétendre à la représentation commune. Ce mot, il faut nous en emparer, Messieurs, car, s'il était un déni pour eux, il est une promesse pour nous! Une pétition qui demandait la représentation directe, en s'abstenant de l'abolition, concluait dans l'exception, et le ministre était vrai en l'écartant; mais vous, Messieurs, vos conclusions sont connexes: si vous demandez la représentation, vous demandez en même temps l'abolition; vous rejetez donc l'exception, vous concluez dans le droit commun, et dès lors la réponse au ministre est en effet une promesse, car, avant tout, le ministre est logicien.

Vous offrez, Messieurs, à la France de marcher avec elle dans la voie de l'abolition, et vous êtes malheureux et pauvres! Cependant, à des jours déjà anciens, en 1839, un rapporteur éminent, un de ces hommes de conscience qui ont du cœur dans la politique, votre adversaire, — vous le teniez pour tel alors, — néanmoins votre ami toujours, et aujourd'hui surtout votre protecteur, M. de Tocqueville enfin, proclamait *que l'abolition devait se faire dans la prospérité des colonies.*

La prospérité des colons!... Cela vous amène à l'examen de notre état matériel, car, si tout s'enchaîne dans la prospérité, tout s'enchaîne aussi dans l'infortune!

Il faut le reconnaître, Messieurs, et le reconnaître avec regret, ce n'est pas à la justice, c'est à l'intérêt de la France que les colonies doivent ses propensions. Les colonies, dit-on, sont faites pour les métropoles, et cet axiome égoïste n'a pas de corrélation. Depuis la fatale loi de 1840, rien n'a été fait en faveur des colonies; cependant elles décroissent successivement, et si enfin la France paraît se réveiller, c'est sous l'impression d'un intérêt personnel en souffrance : sa marine était compromise. Dans ce siècle de concurrence, point de marine possible sans marchés réservés : la France est donc par la force des choses amenée à reporter sur ses colonies le bien indirect qu'elle veut faire directement à sa marine.

Inutile de replacer sous vos yeux l'état comparatif des avantages du sucre indigène vis-à-vis du sucre colonial; le tableau en quelque sorte statistique que vous en a présenté le développement de la proposition suffit à des esprits exercés.

Mais quel est le remède que le gouvernement se proposerait d'app'iquer à ces plaies? Le croiriez-vous, Messieurs ! ! le dégrèvement des surtaxes !

Le dégrèvement des surtaxes ! Le ministre est-il si étranger à tout ce qui touche les colonies, qu'il ne sache qu'à l'égard de leurs sucres, le dégrèvement ne soit qu'une faveur dérisoire, par cela qu'ils ne peuvent atteindre aux types que frappe la surtaxe ? Placés dans un état d'infériorité par les mauvaises conditions de leur fabrication, les sucres des colonies n'atteignent pas, dans la moyenne, à la bonne 4me : aussi leur offrir le dégrèvement de la surtaxe comme encouragement, et même comme soulagement, n'est-ce pas, par un sarcasme amer, renouveler pour eux un des supplices de la fable !

L'équilibre entre les deux industries ne peut trouver un niveau que dans une satisfaction donnée aux conditions respectives de leurs prix de revient. Le sucre métropolitain, assis sur le marché, s'y debite sans frais ; et, en outre de frais nombreux qui en diminuent le prix de vente, le sucre colonial n'arrive à ce marché qu'à la charge d'un transport qu'on ne peut pas calculer à moins de 26 fr. 50 cent. les 50 kilogrammes. C'est donc seulement dans la diminution de cette charge sur les droits d'entrée que le sucre colonial peut trouver le soulagement qu'on paraîtrait vouloir lui accorder, et c'est là la conclusion que vous propose l'auteur de la proposition.

Votre commission a donc l'honneur de vous proposer l'adoption de la proposition dans les termes où elle vous a été présentée.

ADRESSE AU ROI

VOTÉE A L'UNANIMITÉ MOINS UNE VOIX.

Sire,

Le 14 mai 1844, Votre Majesté faisait présenter à la chambre des pairs un projet de loi ayant pour titre : *Loi pour modifier le régime législatif des colonies*. Porté à la chambre des députés, ce projet devenait la loi dite du 18 juillet ; préparées pour l'abolition, toutes ses dispositions concouraient à ce but. Votre ministre y ajoutait la promesse de rendre compte annuellement aux chambres des progrès qu'aurait faits la question dans l'intervalle des sessions. Le conseil colonial de la Guadeloupe s'est associé à ces sentiments : il a compris que le gouvernement du roi résumait l'opinion de la France, et il a présenté à Votre Majesté une adresse où il a déclaré être prêt à marcher dans la voie de l'abolition.

Cet empressement des colons était dû au respect qu'ils portent à Votre Majesté, au dévoûment qu'ils ont pour la France ; leur sécurité n'y était pas étrangère. Ils avaient promptement reconnu que les ordonnances qui mettaient en exécution la loi de juillet compromettaient le présent et perdaient l'avenir de la colonie : le travail diminuait et menaçait de cesser, l'indiscipline succédait à l'ordre, les poursuites correctionnelles avilissaient le maître, et l'antagonisme, enfant haineux de l'apprentissage anglais, ne réservait à la prochaine réorganisation sociale que des groupes éparpillés, éléments réfractaires au travail.

Il n'y avait pas à balancer !

Le gouvernement de Votre Majesté avait plusieurs fois demandé aux colons leur concours, ils l'avaient promis.... Ils le donnent.

Trois vices radicaux avaient compromis l'abolition anglaise : le salaire, la désertion des travailleurs, l'avilissement de l'autorité intelligente.

Le principe de l'association concilie toutes les conditions avec celle de la liberté. Préconisé pour le bien-être d'une liberté déjà ancienne et perfectionnée, il se recommandait davantage à une liberté récente plus désirée que comprise, il autorisait une discipline presque de famille et dégageait les abords de la justice de ces passions effervescentes qu'y avaient ameutées le bill anglais ; bon comme préparation et comme transition, il restait tel sous la main du gouvernement, aussi long-temps que les besoins satisfaits conseillaient de le conserver permanent. C'est à ce principe que les colons ont emprunté une nouvelle formule de travail. Ils ont l'honneur d'adresser au gouvernement de Votre Majesté leurs premières études, qui ne peuvent manquer de se perfectionner par de réciproques observations consciencieusement échangées entre lui et le conseil colonial.

Sire, les colons sont malheureux.... nous ne sommes plus au temps où l'esclavage, défendu comme une nécessité, excitait la France à s'armer contre eux d'une législation rigoureuse... Cette législation, si elle avait pour objet de préparer l'esclave à la liberté, s'écarte évidemment de son but, car la liberté civilisée est inséparable de l'ordre et du travail, et cette législation y porte atteinte.... Si c'était le maître qu'elle voulait y préparer, ce but a été dépassé, car les colons ont offert à la France de marcher avec elle dans la voie de l'émancipation. Que Votre Majesté daigne donc tempérer cette législation dont l'exercice est devenu intolérable ; qu'elle veuille adoucir ces ordonnances travesties en loi des suspects ; qu'elle rappelle la confiance dans une société où règne en ce moment l'intimidation.

Là ne se bornent pas les plaintes et les prières des colons : des préventions qu'ils ne veulent pas discuter les ont récemment privés de leurs juges naturels : une cour criminelle tient entre ses mains leurs fortunes, leurs vie et leur honneur, et les juges qui la composent sont amovibles !!..... C'est cependant au nom du Roi que se rend la justice. Sire, l'inamovibilité de la magistrature, en garantissant l'indépendance des juges, rassure la conscience des rois..... Ce sera une des gloires de votre règne d'avoir su respecter et maintenir ce principe lors de votre avènement au trône !... Un roi, votre aïeul, fut appelé *le Juste*, et l'histoire ne lui a pas conservé ce surnom parce que sous son règne il y eut des sujets jugés par commissaires..... En appliquant aux colonies les bienfaits d'une institution dont vous avez compris la grandeur et la nécessité, vous aurez fait la justice égale pour tous les Français, et vous devrez à notre reconnaissance un titre que la postérité n'effacera pas.

Sire, sous un gouvernement représentatif la représentation est seule un abri, soit pour elle-même, soit pour ceux qui s'y retranchent. A ce titre les colonies étaient mieux protégées par la Charte de 1814 qu'elles ne le sont par celle de 1830 : car, si la première les couvrait par la royauté, la seconde les abandonne sans défense à la merci des chambres. A votre prérogative, qui leur manque, quel autre appui substitueront-elles, si ce n'est celui de leur propre représentation ? Peut-être l'exception de leur régime les exclut-elle d'une assemblée où domine seul le droit commun ? Mais ce motif d'exclusion émané de la bouche d'un ministre organe de votre gouvernement, les colons l'ont accueilli comme une promesse, et non comme un déni : car, s'il répondait à une pétition des colons résidant en France, qui demandaient la représentation directe des colonies, en tenant à l'écart la question d'abolition, il tombe aujourd'hui naturellement devant la même demande que le conseil colonial adresse à Votre Majesté, après lui avoir précédemment offert de marcher avec elle dans la voie de l'abolition.

A toutes ces souffrances morales que les colons viennent d'exprimer à Votre Majesté qu'elle daigne leur permettre de joindre l'expression d'une souffrance matérielle.

La loi des sucres de 1840 a porté ses fruits : encore quelques instants et le sucre indigène aura définitivement chassé du marché la dernière barrique de sucre des colonies. Habitués à l'insouciance et au dédain, les colons ne fatiguaient plus les chambres de demandes qu'ils savaient inutiles ; mais un intérêt puissant, celui de la marine, s'est réveillé, et cet intérêt ne parle jamais qu'il ne soit en même temps question des colonies.... Elles osent donc faire entendre leur voix à côté de la sienne.

Le temps n'est plus où , fortes de leur destination , les colonies pouvaient réclamer la prérogative d'une consommation réservée ; mais si elles ne peuvent invoquer vis–à–vis de la France un droit qui ne serait qu'une réciprocité, et qu'on est parvenu cependant à faire envisager comme un privilége, elles peuvent, vis-à-vis d'un produit rival, reconnu embarrassant, réclamer une justice égale.

Cette justice, Sire, c'est l'égalité de conditions.

Le sucre de betterave est rendu sans frais sur le marché ; le sucre des colonies n'y arrive que grevé de frais de navigation et autres, qui ne s'élèvent pas à moins de 26 francs 50 centimes par 100 kilogrammes.

Les colons demandent à Votre Majesté que, par application du principe déjà consacré en faveur de la colonie de Bourbon, il leur soit tenu compte de cette différence au moyen d'une diminution proportionnée aux distances dans les droits d'entrée.

Ils osent en même temps lui renouveler la demande, qu'ils lui ont précédemment faite, de la suppression de ces mêmes droits sur les cafés d'origine française.

Sire , la liberté avec l'ordre et le travail , la liberté avec l'indemnité garantie par la Charte, l'indépendance de la magistrature protégée par l'inamovibilité, l'exercice de nos droits assuré par la représentation directe, l'égalité dans la production du sucre réalisée par un nouveau tarif, voilà ce que demandent les colons , voilà ce qu'ils espèrent obtenir de la haute sagesse et de la justice de Votre Majesté.

Nous sommes avec un profond respect , Sire ,

De Votre Majesté,

Les très humbles , très obéissants et fidèles serviteurs.

Fait à la Basse-Terre, au conseil colonial ,
le 19 novembre 1847.

Le Président du conseil colonial ,

Signé AMBERT.

Les Secrétaires,

Signé A. LEGER.   *Signé* LE DENTU.

LETTRE DE M. LE GÉNÉRAL AMBERT

AUX DÉLÉGUÉS.

Basse-Terre, 27 novembre 1847.

Messieurs les Délégués,

La session du conseil colonial a été close samedi dernier, 20 du présent mois, après une séance qui s'est prolongée jusqu'à sept heures du soir. Le projet d'organisation du travail libre, et l'adresse au roi votée sur la proposition de M. de Bovis, demeurent les deux actes importants de cette deuxième période de la session de 1847. Je vais tâcher de vous rendre compte succinctement des impressions produites par la discussion de ces actes et de la pensée qui a présidé aux différents votes dont ils ont été l'objet.

Le travail de la commission, soumis au conseil par l'organe de M. Payen, rapporteur, témoignait d'un zèle éclairé. Étudié avec soin dans son ensemble et dans ses détails, il touchait à tous les points essentiels du nouvel ordre de choses. Cependant il fut violemment attaqué dès le début par deux orateurs : le premier, membre élu pendant l'intervalle de la prorogation, et qui, par conséquent, n'avait point pris part aux précédentes résolutions du conseil, laissait entrevoir, dans son opposition, une pensée qui ne pouvait avoir d'écho dans une enceinte où retentissait encore l'éclat d'une généreuse manifestation ; le second, partisan des nouvelles doctrines, tout en défendant avec ardeur les principes qui avaient servi de base à l'œuvre de la commission, attaquait cependant le travail dans sa forme, dans ses détails et dans quelques unes de ses dispositions essentielles.

Sorti sain et sauf de cette première lutte, le projet de la commission fut soumis à un examen de détail, et discuté article par article. Cette discussion, conformément à un vote du conseil, dont vous retrouverez les motifs dans l'un des premiers procès-verbaux, eut lieu officiellement en présence des chefs d'administration. Mais, à mesure qu'on entrait plus avant dans l'examen de cette importante matière, les difficultés se révélaient et les obstacles se multipliaient à chaque pas. Le conseil s'effrayait de la grandeur de la tâche qu'il avait entreprise et du peu de temps qu'il s'était réservé pour l'accomplir. Placé entre la crainte de faillir à un engagement solennel et le désir de ne produire qu'une œuvre à la hauteur de la grande question sociale qu'il avait à résoudre, il doutait par instants de lui-même et du résultat de ses travaux. Ces légitimes appréhensions, faites pour honorer une assemblée, étaient de nature cependant à produire dans les esprits un sentiment de découragement qui se manifesta surtout au moment du vote définitif sur l'ensemble du projet.

Les procès-verbaux vous rendront compte des perplexités du conseil à cet instant décisif. (*Séance du 13 novembre.*) Plusieurs membres voulaient que le vote fût ajourné et que le projet fût renvoyé à une nouvelle commission. Ils pensaient que le conseil avait assez témoigné de sa bonne foi en s'occupant officiellement et sans retard de l'accomplissement de sa promesse, et qu'on ne pourrait sans injustice lui reprocher quelques lenteurs inséparables d'une question d'un ordre aussi élevé.

Cette proposition était vivement combattue par ceux qui redoutaient les malveillantes interprétations auxquelles un ajournement pourrait donner prétexte.

Il est essentiel de bien prendre garde au sens de la question, telle qu'elle résultait de la discussion et telle qu'elle fut posée par le président, après une explication que vous trouverez relatée au procès-verbal et qui suffit pour écarter d'une manière péremptoire toute fausse interprétation. Il fut bien établi que le vote n'avait pour objet que l'appréciation du travail en lui-même et qu'il ne pouvait porter nulle atteinte aux résolutions antérieures du conseil, en un mot que c'était une question d'ajournement, et non une question de rejet, et que, si le résultat était négatif, il y aurait lieu à nommer immédiatement une nouvelle commission, ou même à renvoyer le projet à celle déjà instituée, afin qu'il fût remis à l'étude pour être présenté de nouveau à la prochaine session. Vous comprendrez aisément pourquoi j'insiste sur ce point. Avec les dispositions peu favorables dans lesquelles on est à notre égard, on cherchera peut-être à donner à ce vote une intention qu'il ne pouvait avoir, et il est utile que vous soyez prémuni contre ces fâcheuses tendances.

Le projet l'emporta *à la simple majorité d'une voix*. Connaissant maintenant l'état des esprits au moment de ce vote, vous pouvez en apprécier vous-mêmes la véritable signification, et par par un examen attentif et impartial du travail du conseil vous jugerez jusqu'à quel point étaient fondées les hésitations de la minorité.

L'adresse au roi résume toutes les questions vitales du pays. Elle répond d'une manière victorieuse aux doutes émis sur notre sincérité; votée à l'unanimité moins une voix, elle fait écrouler les coupables espérances de désunion dont quelques esprits se berçaient encore. Expression franche et loyale de nos sentiments et de nos plaintes, elle ne pouvait donner lieu à aucune discussion, et elle n'a eu à subir, dans un court débat, que quelques modifications de rédaction. On pourra la trouver un peu longue, mais il faut tenir compte de la quantité des matières qu'elle avait à traiter; si elle dépasse un peu les bornes d'une adresse au roi, elle ne sera pas trop longue comme mémoire au gouvernement.

Recevez, Messieurs les Délégués, l'assurance de ma considération distinguée,

Le Président du conseil colonial,

Signé Ambert.

Impr. de Guiraudet et Jouaust, rue S.-Honoré, 315.

www.ingramcontent.com/pod-product-compliance
Lightning Source LLC
Chambersburg PA
CBHW051143050726
47594CB00003B/1219